intimität und exhibitionismus *intimacy and exhibitionism*

edition axel menges

liebes tagebuch *dear diary* / hg. von martin rendel, rené spitz
© 2006 edition axel menges, stuttgart / london
isbn 3-936681-09-0

alle rechte vorbehalten, besonders die der übersetzung in andere sprachen.
all rights reserved, especially those of translation into other languages.

druck *printing*: gillrath print-consult24, köln
buchbindung *binding*: bramscher buchbinder betriebe, bramsche

übersetzung *translation*: lunn drabble, essen
entwurf *design*: rendel & spitz, köln
schrift *typeface*: frutiger condensed, transit italic
papier *paper*: fedrigoni «symbol tatami» weiß / 135 g

entwurf & planung der ausstellung *design & concept of the exhibition*:
isabelle galzin, karol pichler, scott muller massis, paris

liebes tagebuch *dear diary*

die geschichte ist rasch erzählt, und sie ist wahr. nach vier ausstellungen (2001 bis 2004) legten wir 2005 eine babypause ein: keine ausstellung in diesem jahr. wir wollten aber die reihe der begleitbücher, die zu den ausstellungen erschienen sind, nicht abreißen lassen. darum brachten wir ein buch zu einer ausstellung heraus, die nicht stattgefunden hatte. außen schwarz, innen 96 leere seiten.

wie in den jahren zuvor, so versandten wir auch dieses buch ende januar an 150 menschen aus aller welt: freunde des hauses und solche, die es werden sollten. doch anders als in den jahren zuvor erhielten wir vielfach überschwengliche reaktionen: endlich ein buch, das man nicht lesen mußte. so rief eines tages auch ein mitarbeiter john pawsons an, um zu erfahren, was wir von john pawson erwarteten, was er mit dem buch machen solle – mit zeichnungen füllen und zurücksenden?

das war eine gute idee. wir griffen sie gerne auf, riefen alle übrigen empfänger an und erzählten ihnen diese geschichte. ob sie uns ihr buch für die nächste ausstellung im januar 2006 zur verfügung stellen mochten, ganz gleich, was sie in der zwischenzeit damit angefangen hatten?

The story is quickly told, and it is a true one. After four exhibitions (2001 to 2004), we took a break in 2005, and there was no exhibition that year. Nevertheless, we did not want to interrupt the series of books published to accompany the exhibitions, and therefore issued a book on an exhibition which had not taken place. Black on the outside, with 96 blank pages inside.

As in the previous years, we dispatched copies of that book to 150 people across the globe at the end of January – to friends of ours both present, and, we hoped, future. In contrast to previous years, however, there were exuberant reactions: At last, a book people didn't have to read! One day, then, someone from John Pawson's firm rang up to find out what we expected John to do with the book. Should he fill it with drawings and send it back?

That was a good idea, which we were pleased to adopt. We called all the other people who had received a copy and told them this story, asking whether they would send us their book for the next exhibition in January 2006, no matter what they had done with it in the meantime.

immerhin: 100 bücher erhielten wir, viele davon nur für die ausstellung gemacht. aber es waren auch einige dabei, die von ihren empfängern ohnehin als skizzen-, ideen- oder tagebuch benutzt worden waren.

was geschieht mit 100 leeren büchern im laufe eines jahres? die assoziation zum tagebuch drängte sich auf. im gespräch mit den gestaltern der ausstellung – isabelle galzin, karol pichler und scott muller massis – konzentrierten sich die gedanken nach und nach auf die spannung zwischen intimität und exhibitionismus, die architektonisch umgesetzt wurde. an die stelle einer tiefsinnigen behandlung dieses themas setzen wir in diesem begleitbuch lediglich ein paar anekdoten, die wir jetzt mit den büchern verbinden:

mittags in mailand. james irvine telefoniert mit peter thonet, halb englisch, halb deutsch, halb italienisch. dann plaudern wir weiter. «and now for something completely different»: er fragt nach unseren ideen für die ausstellung 2006. ich erkläre ihm, was wir vorhaben – und daß er selbst auch in die pflicht genommen würde. was ihm besser gefiele: daß er nach der ausstellung sein eigenes buch erhielte oder ein anderes ausgestelltes, vom zufall ausgewähltes buch?

Anyway, we received 100 books, many of them specially made for the exhibition, but some which had been used by their recipients as sketch books, notebooks or diaries right from the start.

What happens to 100 empty books in the course of a year? The association with a diary was inescapable. In discussions with the exhibition designers – Isabelle Galzin, Karol Pichler and Scott Muller Massis – the ideas crystallize more and more on the tension between intimacy and exhibitionism to be illustrated architecturally. In place of a profound examination of that topic, this book on the exhibition contains only a few anecdotes which we associate with the books:

Midday in Milan. James Irvine is on the phone to Peter Thonet, speaking partly English, partly German and partly Italian. Then we go on chatting. «And now for something completely different»: He asks us what ideas we have for our exhibition in 2006. I tell him what we are planning – and remind him that he too will have to contribute. What would he like better? To get his own book back after the exhibition or another one selected at random? He cannot

er kann sich nicht entscheiden. mittlerweile sind wir in seinem büro. und hoppla, nach zwei minuten steht alberto meda in der tür. james macht uns miteinander bekannt. mit einem handgriff stellt er alle begleitbücher zu unseren ausstellungen auf den tisch. alberto meda greift sofort nach dem schwarzen buch: ja, so eins habe er auch bekommen – und nach einer schrecksekunde: er habe es benutzt für skizzen und ideen, ob das falsch gewesen sei? –

jasper morrison findet das schwarze buch nicht so toll. er hat es einem praktikanten geschenkt, und es klingt so, als ob er den praktikanten auch nicht so toll fand. jedenfalls kann er sich nicht an ihn erinnern, und er kann ihn auch nicht erreichen. ansonsten mag er eigentlich notizbücher, aber sie müssen so klein sein, daß sie in seine hosentasche passen. er hat immer eins dabei. also gut, wir gehen zum schreinermeister röhrig. seine kreissäge verkürzt das buch auf hosentaschen-format. eingewickelt in altes packpapier wie ein fisch vom markt und ausgefranst trifft es bei uns ein. eine ausgesprochen unprätentiöse form der darreichung. wir rühren sie nicht an und schicken das amputierte buch an jasper morrison mit der frage, ob dieses format nun passe? wir wissen es bis heute nicht. –

decide. In the meantime, we are back in his office and, hey presto, two minutes later Alberto Meda is standing in the doorway. James introduces us. At a stroke, he arranges all the books from our exhibitions on the desk. Alberto Meda reaches for the black book immediately: Yes, he got one of those too – and after a moment of panic he admits he has used it for sketches and ideas. Was that the wrong thing to do? –

Jasper Morrison isn't too impressed by the black book. He gave it to a lad doing work experience in his office and it sounds as though he wasn't too impressed by him either. Anyway, he can't remember who it was or how to get in touch with him. Actually, he likes notebooks but they have to be small enough to fit in his trouser pocket. He always has one with him. OK, so we went to our local carpenter and had him cut the book down to size with his buzz saw. Rough cut and wrapped up in newspaper like a fish from the market, we took it back with us. A very unpretentious form of presentation. We leave it as it is and send it back to Jasper Morrison with a note asking if it suits him that way. We are still waiting for an answer. –

burkhardt leitner ruft zurück. ein mitarbeiter aus unserer buchhaltung hebt ab. noch bevor er etwas sagen kann, fragt burkhardt leitner: «sind sie ein mensch oder eine maschine?» wie wäre wohl seine reaktion ausgefallen, wenn unser mitarbeiter vorgegeben hätte, er sei eine maschine? –

greg lynn hat sich das buch für den urlaub aufgehoben. es soll gemeinsam mit seiner tochter ausgemalt werden. nach dem urlaub zurück in los angeles: greg ist da, tochter ist da, nur das buch ist weg. wo kann es sein? auf dem nachttisch in seattle vergessen? beim bootsausflug über bord gegangen? ein schöner trost, zu wissen, es liegt auf dem grund des pazifischen ozeans und dient den fischen zur lektüre. –

der «executive assistant» von lord norman foster sagt formvollendet per fax ab. man sieht förmlich den stab hierarchisch organisierter assistenten, die gewiß einem «chief executive assistant» unterstehen. –

richard sapper meldet sich am telefon nicht mit seinem namen, aber auf deutsch. er stellt klar: «sie glauben doch nicht im ernst, daß ich in ein buch zeichne oder schreibe, das sie ohne bezahlung wiederbekommen?» –

Burkhardt Leitner calls back. One of our people in the accounts department takes the call. Before he can say a word, Burkhardt Leitner asks, «Are you a man or a machine?» What would he have done if our man had said he was a machine? –

Greg Lynn kept the book to illustrate it with his daughter on their holidays. Back in Los Angeles after the vacation: Greg is there, his daughter is there, but the book has disappeared. Where could it be? Left on a bedside table in Seattle? Lost overboard on a boat trip? Nice to know that it's at the bottom of the Pacific Ocean entertaining the fish. –

Lord Norman Foster's «executive assistant» sends us a formal rejection by fax. We can picture the hierarchy, with our «executive assistant» no doubt fielding for a «chief executive assistant». –

Richard Sapper calls us without saying who he is but, for all that, in German. He is quite clear: «You don't seriously think I'm going to write or draw anything in a book and send it back to you without charging anything?» –

karim rashid und die bouroullec-brüder haben doch etwas gemeinsam: sie sind die einzigen, die mit einem buch nicht ausgekommen sind und nachbestellt haben. –

karl lagerfeld schreibt persönlich: sein buch wurde gestohlen! wir sollen ihm ein neues schicken. –

john maedas assistentin schreibt, das buch sei niemals auf seinem schreibtisch angekommen. wir haben uns davon überzeugt, er spricht die wahrheit. es ist höchstens für stollentreibende zwerge möglich, durch die elektronikberge bis auf seinen schreibtisch vorzudringen. –

ein dunkles kapitel: konstantin grcic in der schaffenskrise. sein schwarzes buch hat ihm den schlaf geraubt. dennoch liefert er eine geniale lösung. was steht denn nun drin in seinem buch, daß er es zugeklebt hat? –

sabine voggenreiter organisiert seit 1990 das «passagen»-programm während der kölner möbelmesse. wir rufen an, um sie als teilnehmerin zu unserer «passagen»-ausstellung einzuladen. damit hat sie nicht gerechnet. minutenlanger lachkrampf. –

Karim Rashid and the Bouroullec brothers have got something in common: they're the only ones who find one copy isn't enough and have ordered another. –

Karl Lagerfeld writes us a personal note: his book has been stolen! He asks us to send him another one. –

John Maeda's assistant wrote us that the book had never appeared on his desk. We believe him. It would take a gang of industrious dwarfs to burrow their way through the electronic mountains to reach his desk. –

A gloomy chapter: Konstantin Grcic with a creative block. A black book has robbed him of his sleep. Nevertheless, he's come up with an ingenious solution. What's in his book that made him stick it together? –

Sabine Voggenreiter has been organising the «passagen» programme during the Cologne Furniture Fair since 1990. We call her to invite her to our «passagen» exhibition. She wasn't counting on that. Helpless with laughter for several minutes. –

diplom-finanzwirt volker mühl, unser steuerberater, verweigert die herausgabe seines buches. er hat es als tagebuch genutzt und will sein innerstes nicht nach außen kehren. chapeau! –

ein buch kehrt leer und anonym aus der schweiz zurück. uns bleiben nur ein verdacht und ein rätsel. was auch typisch ist für die schweiz. –

die ironie der geschichte, die wir eingangs erzählen:
john pawson hatte keine zeit für sein buch.

Volker Mühl, our tax consultant, refuses to return his book. He's used it as a diary and won't disclose his innermost secrets. Hats off! –

One book comes back empty and anonymous from Switzerland. Which leaves us with a suspicion and a puzzle. Typically Swiss. –

The irony of the story we told at the start: John Pawson didn't find the time to write anything in his book.

Danksagung

Guten Morgen mein Freund,

danke, dass ich endlich mal den Arsch hoch bekommen habe und dieses Buch hier angefangen habe. Mir geht es jetzt wesentlich besser damit. Ich glaube es wird eine spaßige Sache hier was rein zu machen, schreiben oder sonst wie Unfug rein treiben. Es ist gut zu wissen, dass ich damit nicht allein bin.

christoph zurek

das hatte heute
in meinem Tagebuch
gestanden.

martha parsey

ach würde es immer leichter. Medea und Fritz wissen

stephan burggraf

die lücke füllen *filling the gap*

felix wirth

akane higo

taketo oguchi

merlin spitz

Diagra

```
         [Coding] ──────→ [Voluntary]
            │                  │
            ↓                  ↓
         [Rufl.]          [Ans | Kunst | Design]
```

michael volkmer

franz schnaas

ruedi baur

gil-im yang

Schnitzel mit Ralf

Mareike mag keine Nutzungsrechte

Claudia mag Nutzungsrechte

Andre rettet (hoffentlich) meinen Redner

tobi dahmen

claudia neumann

thomas mayr-landsberg

michael erlhoff

burkhardt leitner

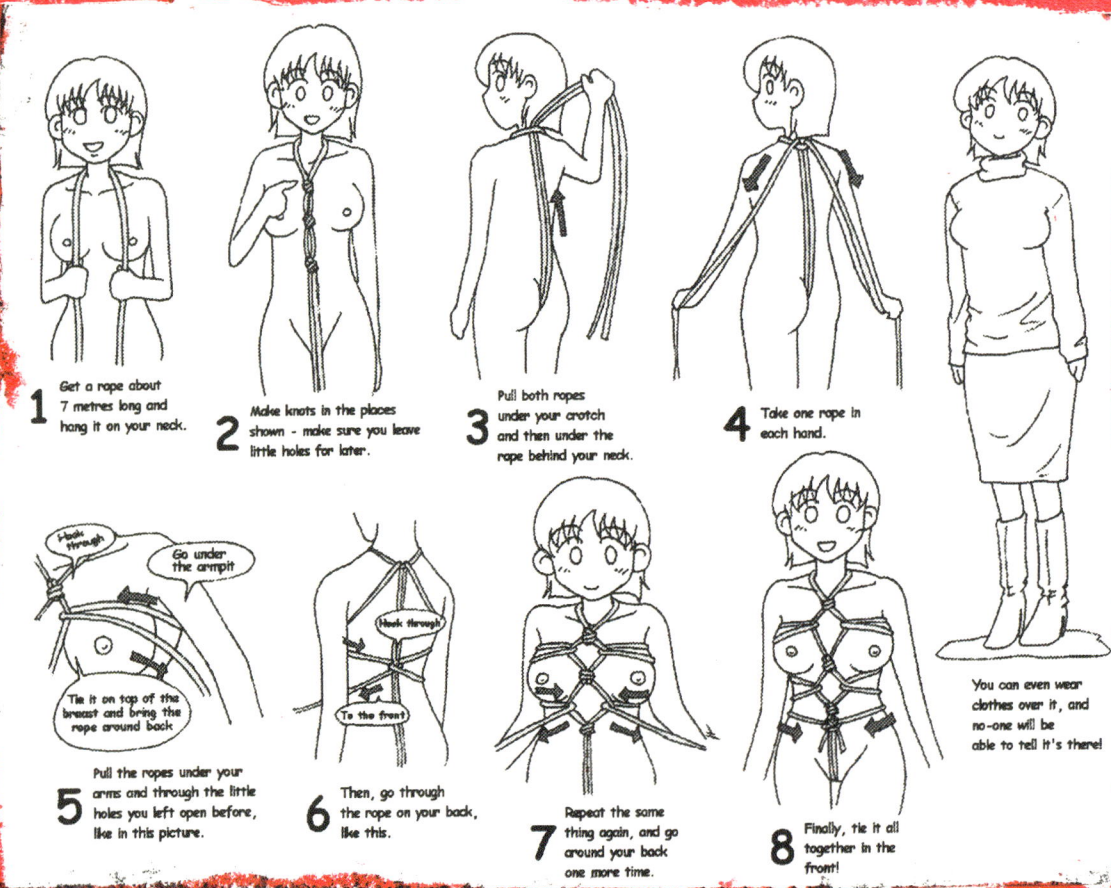

tönis käo

erwan bouroullec

annette diefenthaler

> Hmmm... keine schlechte Idee. Papier weiss zu lassen...

olaf clasen

volker albus

ist leere dann offene weite?

ildikó schilling

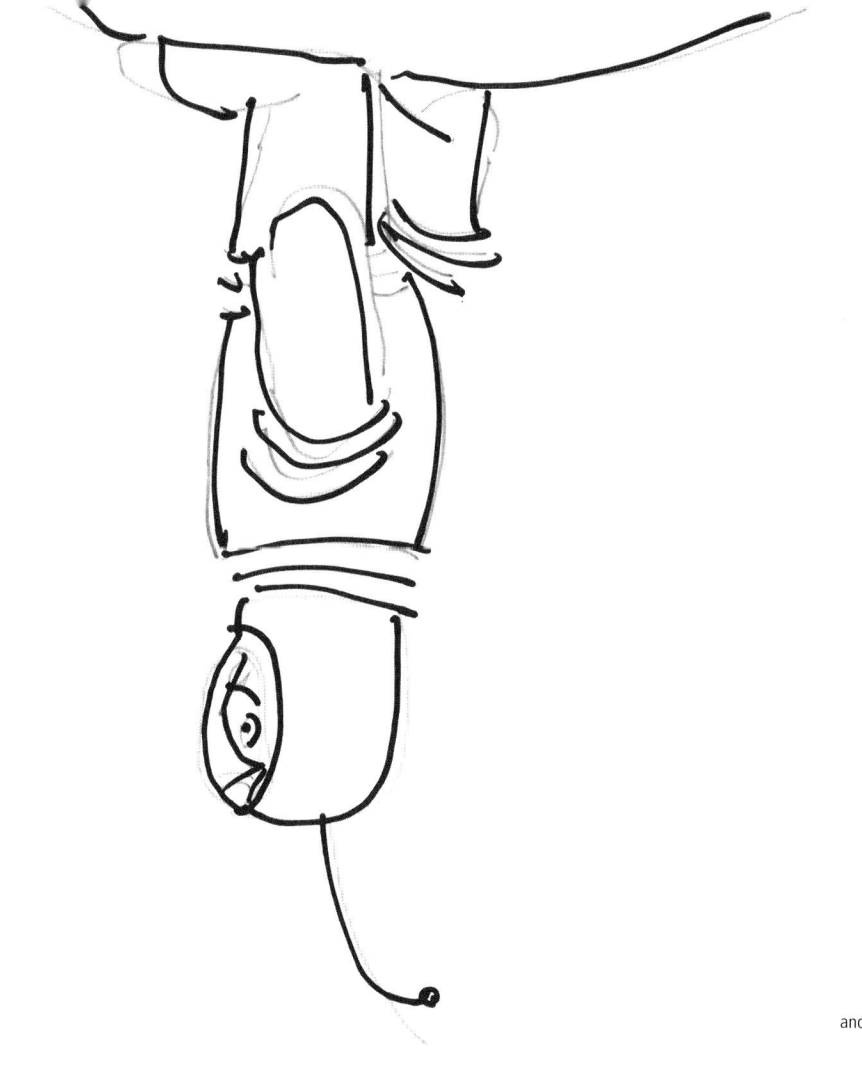

andreas ostwald

ross lovegrove

michael erlhoff

2.1.05

ruedi baur

stefan korschildgen

torsten hermanowski

11. April 1998
Obstsaftschorle
2× Milchkaffee
2× Croissant
Flasche Obstsaft
4× Giflocken, Milch
kl. Laib Brot
Margarine
ca. 180 g. Käse

12. April 1998
Brötchen + Obst
diverse Pralinen
3 kl. Stücke Kuchen
Brot + Obst
Sekt + Wein
Pralinen
Brot + Margarine
Käse + Obst
Heringssalat

Käsekuchen

Apfelkuchen

Portion Gehacktes

Großes Tatar

heide & lutz hackenberg

Lesetypo NEU

Umschlag   Übezug   Vorsatz?

Übergang
Vorsatz/
Schutzumschlag
Seite 1

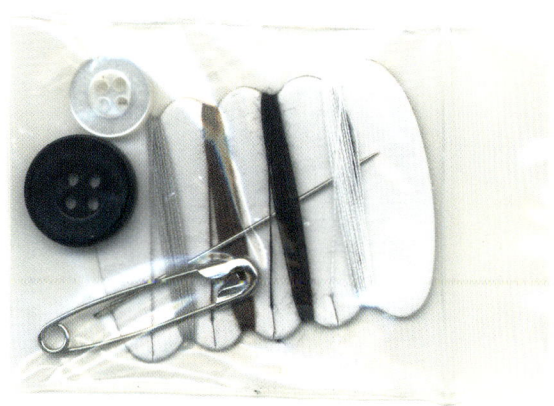

sabine voggenreiter

vito oražem

massimo fucci

andrea branzi

SEEING
HEARING
(CAN POP
IN WEBSITE)

FEELING
        TASTING

TOUCHING

marcus lui

jochen schimmang

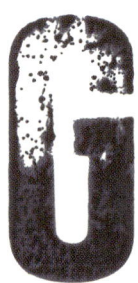

klaus krumscheid

in warmen Brot ist wie der Leib der Geliebten.

Vom Orbit aus gesehen, sieht der Pazifik
aus wie eine riesige Glatze.

Die Zehen sind auf die Finger furchtbar
neidisch.

Das G hat einen mächtigen Kiefer.
              (ein mächtiges Kinn)

Wenn du nur lang genug probierst, kannst
du auch mit 1 Hammer eine Schraube
eindrehen. /Wenn du den 1 Hammer hast,
kannst du auch mit ihm 1 Schraube reh

peter köhler

So viele Tage führten Sie mich vorbei
==Sehen Sie den Riß, in meinem Auge zu stehen==
Sie stoppten nicht, um mich fühlen besser zu bilden
Durch das Lassen mir einer Karte oder des Buchstaben

So sehen Herrpostmanblick und
Gibt es ein Buchstabe in Ihrem Beutel für mich
I eine lange lange Zeit wartend
Da ich von dieser Freundin von meinen hörte

Sie erhielten, eine Minute zu warten, warten eine Minute
Sie erhielten, eine Minute zu warten, warten eine Minute
Sie erhielten, eine Minute zu warten, warten eine Minute
Sie erhielten, sie zu überprüfen und zu sehen, ein weiteres Mal für mich
Sie erhielten, eine Minute zu warten, warten eine Minute
Sie erhielten, eine Minute zu warten, warten eine Minute
Sie erhielten, eine Minute zu warten, warten eine Minute
Liefern Sie den Buchstaben, das eher bessere
Sie erhielten, eine Minute zu warten, warten eine Minute
Sie erhielten, eine Minute zu warten, warten eine Minute
Sie erhielten, eine Minute zu warten, warten eine Minute

jochen schimmang

小さなことで 大事なものを 失った
つめたい指輪が 私に笑ってみせた
今さえあれば いいと 言ってたけど
そうじゃなかった
あなたへ続くドアが 音もなく消えた

あなたの幸せ願うほど わがままがふえてくよ
それってあなたも いきとめたい いっちゃうそう
だれかの願いが叶うほど 女の子が泣いてるよ
そのままとびらの前に ならない。

みんなに愛されてる君を いやがる
たった1人に なりたくて 少し がまんしずかに ちらす

自分の幸せ 願うこと わがままじゃないでしょ
とびらの前なら 抱きしめたい でさよなり ぎゅっと

私の涙が 出るころ
あの子が 泣いてるよ
このまま ぼくらの地面は
かわらない。

あなたでは愛としたい
　　　　知して
みんなの願いは
叶いにはわない

小さな祈りがまわりない
やさしさにつくよ
もういちど あなたを
抱きしめたい

ているるだけ そっと

taketo oguchi

① Beispiel [Tanja Dückers]

2 Formen Tradierung < unterbrochenes Erzählen => Die werde dasselbe
Schweigen

— Wenn Tenor nachläßt < Bienenwolle = Rassismus
Ornament → Bruch

— Tochter will aus der Kette der Generation hinauskommen

② Gedächtnis verlieren [Halbwachs]
→ Max Frisch: Wilh. Tell für d. Schule
→ Martin Walser: Ein springender Brunnen

dual

③ Uwe Timm

— Zwei Rahmen parallel an der Sprache => Brüche = partielle Blindheit

— Anstoß der Frau Bruder: Fehle an Mitleid / Empfindlichkeit
was machen wir mit den blinden Flecken?

Verlorene
4. Heer

① Realität : Hechel
Alsdorf : Hartig / Wolf

Bruch ≠ Porzellan

Chutzpa Wolf / Hartig
Geschwister / Onkel + Tanten => Familie als Hauptquelle

1 Träume der Großmutter was nicht bekannt <=> ② neue Gedächtnis-rahmen

③ „Umgebende" der Gesellschaft (Halbwachs)

② Dissonanz nicht nur zw. privat / öffentlich
Zweite nur 2 in d Familie

Projekt des Re-Imaginierens ②1

Generation

⑥ Große NS-Zeit mit Leutseligen zu konfrontieren < vermeintliche Möglichkeit

hannes heer

die Ausländer die vielleicht weit zu stark g anstatt stärksten verdrängt
Trad organische Traditionen
deutscher Wege in die Moderne zum Gefallen ihrer
Bauherren Benutzer.

die Auswahl
Es hierin ein normalerweise nie thematischer,
steckt
wir behaupten, dass der lebendige Kern antimoderner
Reflexe bei Bauherren den (emotionalen) latent vorhandenen
Betrug erspürt, der Bilderwelten überwältigender
nach den Einkauf von
Attraktivität schon lauert.
Hier erlauben wir uns ein ausgewachsenes kritisches
Bündnis mit unseren Bauherren
. Wenn wir den in Bedürfnisse
formulierten Lebensgefahren unserer Bauherren ernst

thomas nebel

köbi gantenbein

thomas niederste-werbeck

akane higo

merlin spitz

franz schnaas

ronan bouroullec

kathrin luz

jan henne de dijn

ross lovegrove

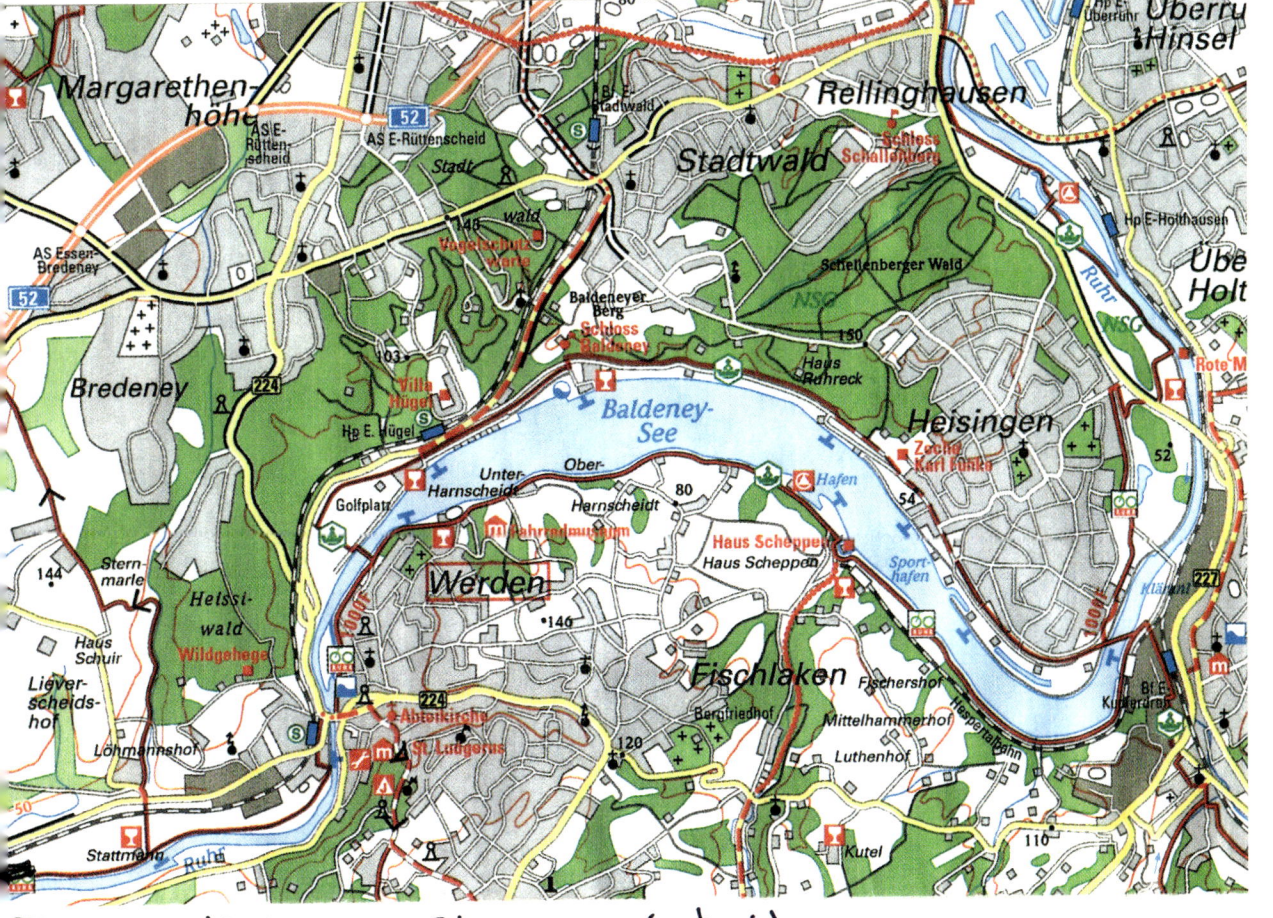

Essen - Kettwig - Stausee (B'hof)

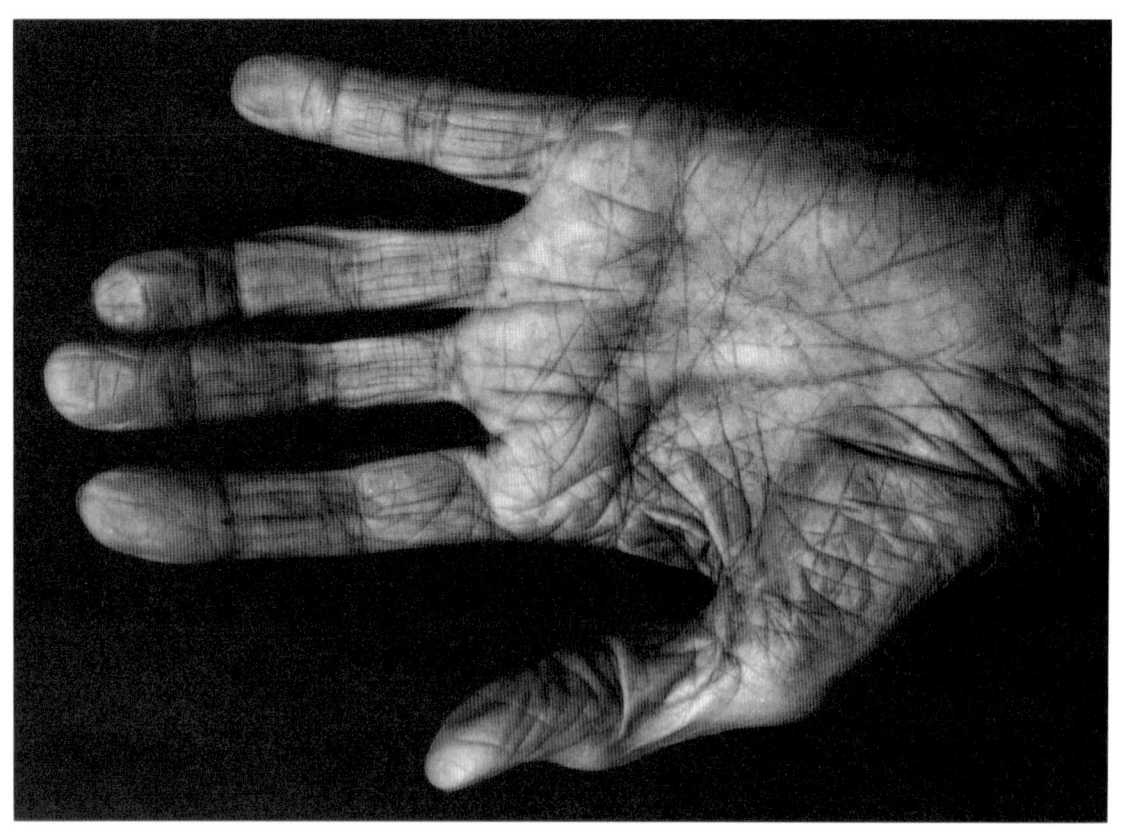

renate gruber

johannes hebing

stephan abry

joe itz

coco thiemann

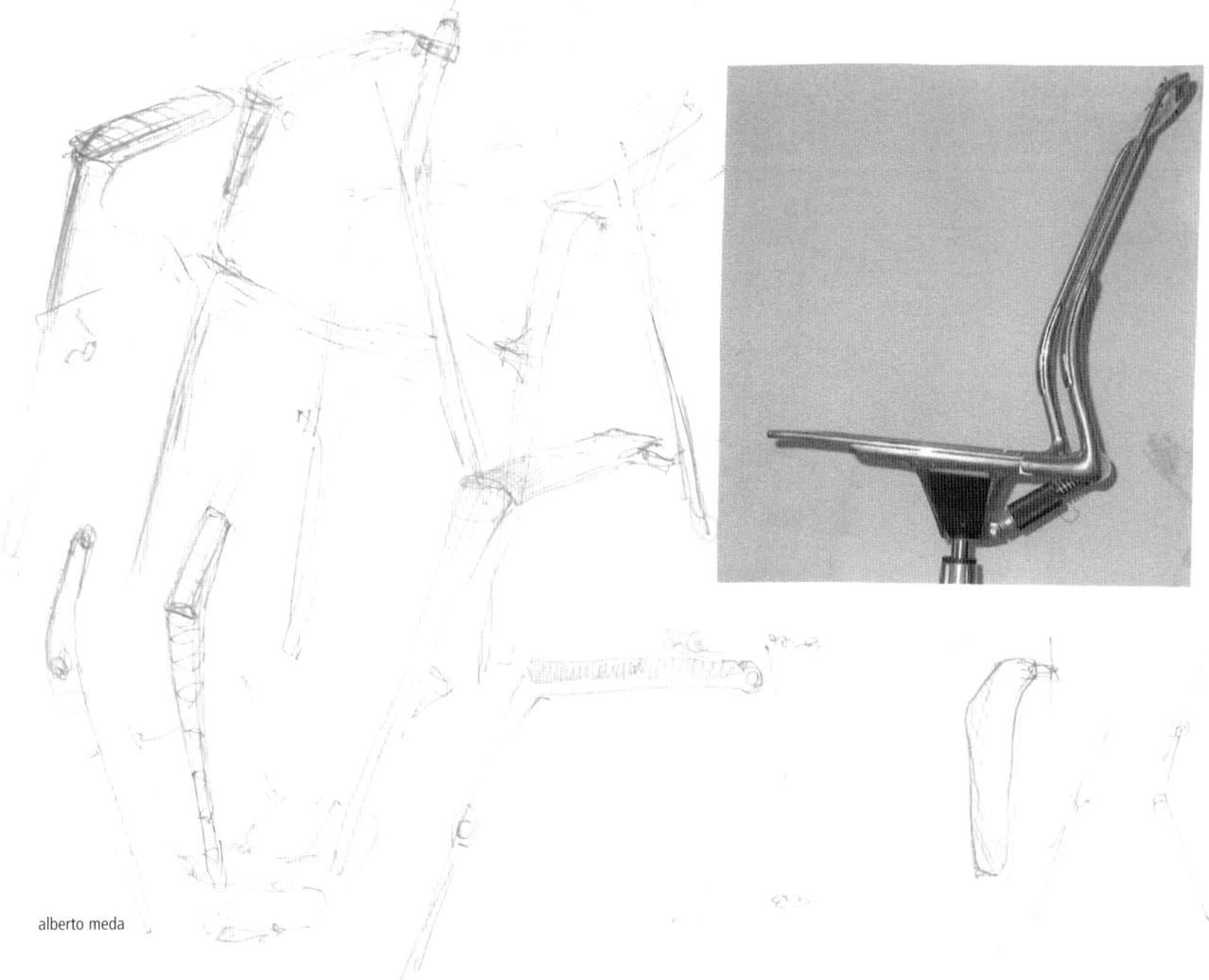

alberto meda

christian lacroix

franz schnaas

uta brandes

johannes hebing

volker kemmler

agnes enzinger

petra schwab

Love song   04/2003

There are so many things to come
So many pains and problems
Moments of coldness and distance
Signs of decay and insecurity

So take this moment of pure love from me
Now
Free and lightweight
Natural and giving

Removed from past
And pain to come
Centered in the nexus between the heart and mind
A piece of my soul
Stripped from constraints, contingencies, conflicts

Behold it with clear sight
And implant it in your heart

And when this moment
Has become memory
Then come back to me
To remember

judith ruf

Das Glück findet sich dann; nicht das alte, aber ein neues. Es gibt Gott sei Dank viele Arten von Glück. Und du sollst sehen, wir werden schon etwas finden für dich.

Theodor Fontane, Effi Briest

hannah rendel

nein

rolf müller

dorothée müller

ohne lücken wäre es schwer dinge zu erkennen sie würden ei
nfach so ineinander übergehen und keiner wüsste wo was anfängt un
d was aufhört das hätte vor und aber auch nach teile.

wo ich aufhör, fängst du an.

martin zentner

martin blum

POLEN 2005

UND DER NÄCHSTE KAMPF BEGINNT.

elke klinger & karsten meyer

THE END.

johanna grawunder

Gott sei Dank.

marco urban